WILLKOMMEN IN MEINEM WINTERWUNDERLAND!

Für dieses Ausmalbuch habe ich Schneeflocken, Rentiere und Tannengrün so gezeichnet, wie ich es mir vorstelle. Weihnachtliche Symbole aus aller Welt habe ich mit Motiven ergänzt, die meiner eigenen Fantasie entstammen. Auf diese Weise möchte ich die Magie von Weihnachten mit Ihnen teilen. Verwenden Sie farbige Gelschreiber, Filz- oder Buntstifte, um die Bilder auszumalen. Mithilfe eines schwarzen Fineliners können Sie die Vorlagen mit eigenen Details ausschmücken. Sie können die ganze Farbvielfalt nutzen oder auch nur vier bis fünf Lieblingsfarben auswählen. Oder Sie experimentieren mit verschiedenen Schattierungen derselben Farbe. Denken Sie daran, dass es beim Ausmalen der Vorlagen weder falsch noch richtig gibt: Jedes Bild wird Sie und Ihre Persönlichkeit widerspiegeln! Zum Wunder von Weihnachten gehört auch, dass Sie das Fest nach Ihren Wünschen gestalten: angefangen bei den Plätzchen nach dem Rezept Ihrer Großmutter bis hin zu dem Baumschmuck, den Sie als Kind gebastelt haben. Meine Zeichnungen sollen Ihnen helfen, dieses Weihnachtswunder zu erleben. Also greifen Sie zu Ihren Lieblingsstiften und fangen Sie an auszumalen!

Mary Tanana

Peace

Fröhliche Weihnacht

überall

Alle
Jahre
wieder

Joyeux Noël

HAPPY
Holidays
&
A HAPPY
New Year

ÜBER DIE AUTORIN

Schon als Kind war Mary Tanana leidenschaftlich gerne kreativ. Während ihres Studiums der Modeillustration entdeckte sie ihre Vorliebe für Muster. Nach dem Studium arbeitete sie zunächst als Schmuckdesignerin, bereiste die Welt und lebte eine Zeitlang in Hongkong. Die Eindrücke der fremden Kulturen haben ihren Zeichenstil stark beeinflusst. Heute lebt Mary zusammen mit ihrem Mann und vielen Katzen in einem Cottage an der sonnigen Küste von Rhode Island, wo sie ihre ganze Energie der Welt der Muster widmet.

IMPRESSUM

Redaktion und Verlag:
HarperCollins Germany GmbH,
Postfach 301161, 20304 Hamburg
Geschäftsführung: Thomas Beckmann
Tel.: +49 (0) 40 / 636 64 20-0
Fax: +49 (0) 711 / 72 52-399
E-Mail: kundenservice@harpercollins.de

Redaktionsleitung: Claudia Wuttke (v. i. S. d. P.)
Lektorat/Textredaktion: Sonja Korte
Produktion: Christel Borges
Art Director: Deborah Kuschel
Typographie: Whitney Manger & Deborah Kuschel
Illustrationen: Mary Tanana

Satz und Druck: GGP Media GmbH, Pößneck
Printed in Germany

Pressevertrieb:
Axel Springer Vertriebsservice GmbH,
Süderstraße 77, 20097 Hamburg,
Telefon: +49 (0) 40 / 347-292 77

www.cora.de

Parallelerscheinung in den folgenden Imprints:
CORA Verlag im Pressevertrieb, Band 1 (1) 2015;
HarperCollins im Buchhandel, ISBN 978-3-95967-038-8

Originaltitel: „Christmas to Color“
erschienen bei: Harper, an imprint of
HarperCollins Publishers LLC, New York, U.S.A.

www.harpercollins.de

Kontakt/Verkauf/Marketing vertreten durch:
fredebold&partner gmbh
Schaafenstraße 25, 50676 Köln
Tel: +49 (0) 221 - 65 08 05 - 90
Fax: + 49 (0) 221 - 65 08 05 - 88
vertrieb@harpercollins.de